parwana

S. C. SAAHIB

ISBN

Paperback 979-8-89322-702-4

Hardcase 979-8-89322-926-4

kaise keh du main kavi hoon

taare kya kabhi keh sakte hai main ravi hoon

Contents

sheher sheher sab jale, sheher bhi jalta hoye

ik parwana jungle vichh poori raata roye

ek parwana

ek parwana
sach ke khaatir
chaand ko talaashne nikla

safar mein
jo roshan huwa
wo shama ka fareb nikla

phas gaya
wo ulajh gaya
wo subah se pehle bujh gaya

phir kya tha sach
aur kya tha chaand
jo kuch bhi nikla
sab jhooth nikla

kitna fareb hain duniya mein
aur chaand kitna door

samundar se do chutki namak maang liya

aaj zamaane se maine apna haq maang liya

udaan

aandhi ya toofan mein
parindey nahi udtey hain

udtey hai kal ke puraane akhbaar
jinhe ik dafa padh ke phek diya jaata hain

zameen pe gire patte
kuchh budhhe, kuchh jawaan
kuchh laal, kuchh hare

sadak pe padi thailiya
sufaid phati huwi

kisi ke kaam ke kaagaz
kisi ki bhookhi rotiyaan

hawaa mein lehraatey hai
jaise aandhi na huwi
koi bachpan ka yaar ho
toofan ka jaise
besabri se intezaar ho

sab parindey, sab panchhi
sab cheel baaz, sab kabutar

jaise apne apne gharon mein jaa baithe
aur aasmaan pe apna hi adhikaar ho
aandhi ya toofan mein
parindey nahi udtey hain

jinhe phek deti hai duniya
kone kachhade mein
chal ke guzar jaati hai unpe
pair rakh ke kadam badhati hain

toofanon mein
aksar
wohi udaa kartey hain

humse huwa hi nahi duniyadari ka lihaaz kabhi
hum apni hi dhun mein chalte rahe

safar mein harr kadam kaanto ne uljhane ki
sar-e-raah bekhabar hum chalte rahe, chalte rahe

aur hai kya

do pal ka sukoon hai ye lafz, aur hai kya
chand saasein hai zindagi, aur hai kya

kama lu main shohrat zamaane bhar ki
do roti ki hai bhook, aur hai kya

sach ka saamna main kabhi kar na paaya
jhooth hi toh hai ye sach, aur hai kya

jo roz tum unko jo kehte ho
jo roz tumko wo kehte hai
fizool ki toh hai baat, aur hai kya

chura lu taare aasmaan se
chaand se deewarein sajaa du
chaar deewar hi toh hai ye ghar, aur hai kya

bana lu taj mahal main banke shahenshah
do gaz ki hai kabr, aur hai kya

marna toh sabhi ko hai ek din
jo itni tezi se manzil ki aur badhe jaa rahe hai
batlaa do unhe maut se aagey bhi kuch hai kya

aurat ba-umr ghar banati hai
aur koi puchta nahi

aadmi ek din taj-mahal banata hai
aur amar ho jaata hai

kiwaad

woh jab bhi jaata hai
kiwaad thoda khula chhod jaata hai

bistar pe uski shikan reh jaati hai
kamre mein cigarette ka dhuan chhod jaata hai

main usse jaate huwe kabhi nahi dekhti
humesha nazar deewar ki seelan pe
pankhe ki dhool pe
ya unn murjhaye huwe phool pe daag deti hu

thodi der kamre mein aahat hoti hai
belt ke kasne ki
boot ke sarakne ki
sikko ke chhanakne ki
raat ke guzarne ki

phir kuch der aisa lagta hai
jaise woh abhi abhi aaya ho
jaise woh phool abhi abhi khil-khilaya ho

phir ek chhoti si cigarette sulagti hain
aur poori duniya mein bechaini badh jaati hain

main nazar ghuma ke kabhi nahi dekhti
ki woh hain ya nahi

shayad woh wohi hota hoga
mere nange se jism ko dekhta hoga

aur kiwaad bhi isliye khula chhod jaata hoga
ki jald hi laut sake
aur sab usse waisa ka waisa hi miley

bistar ki shikan
cigarette ka dhua
bechain kamra

aur mera nanga jism

gham ka ek pahaad zindagi hummey deti hai
aur ek hum khud banaate hai

sikandar woh hote hai
jo inn pahaadon ke beech se ek dariya bahaate hai

gham

gham ko bhula kar
phir aaj ghar se nikla hu main
sadak pe, sheher mein
ek ajeeb sa dhuan uth raha hai
thand ka kohra hai ya rakh ki damak
sooraj bhi kuch dooba dooba sa uth raha hai

yaad hai ye galiyara mujhe
ek dhun judi hai inn raahon se
inhi gire padhe pattharon pe kabhi
sar rakh kar soya tha main
inhi kankaron mein kahi
mera naam bhi chhipa hoga

uppar basta tha jo
zameen ke neeche hi kehkashaan hoga
phool samajhta tha jo
pareshan kahi kaagaz ka koi bhawra hoga

raat ke khwaab ko
seher ne maat di
ab arse se bachhi neend ka kya hoga?

aur bhi ho koi
toh koi baat ho
wo baarish ki adhuri mulaaqat ka kya hoga?
duniya ka dil miley kahi
toh kehna
aaj bhi aashiq zinda hai
aawara, akela, aaj bhi dhundta

par na wo makaan mila
na wo zameen
door door tak koi insaan bhi nazar nahi aaya

dhuae ki dhund mein aasmaan bhi kho gaya
jo bacha tha sheher mein woh bhi so gaya

tab

duniya ka saara gham saver
phir main ghar laut aaya

agar ped chal paate, toh woh kahaan jaate?

shayad kahi nahi jaate
shayad woh utni si zameen hi unke liye kaafi hoti hai

toota huwa patta

aksar main sochta hu
ki agar main koi budhe se
shajar ki kisi lambi si daal se
toota ek haseen sa patta hota
toh main kya sochta

kya main thandi si hawaa mein
lehraate uss darakht ko yaad karta

ya dariya ke bal pe behte behte
uss shaakh ka khayal karta

ya wo zameen jis se main
door hokar bhi juda tha
ya wo mitti jo meri raghon mein hoti
ya wo bemausam barsaat ka paani
jisne mujhe bada kiya tha

wo hawaa ka jhonka
wo baadalon ka saaya
wo panchhiyon ke geet
wo dhoop, wo chhaya

wo bhin-bhinaate bhawron se ann-bann
wo titliyon se baatein
ya phir
wo uppar ki daali pe laga
wo safed sa phool

kitna kuch hota yaad karne ko
agar main koi haseen sa ek patta hota

yun hi, bewajah
wo lambi si daali se toot kar
main thandi si hawaa mein
lehraate huwe kya sochta

ek jagah se nayi jagah chale jaane
ke baad main aksar puraane qisso
ko yaad karta hu
sochta hu
aur kuch dino ke liye zameen nayi hoti hai
par hawaa wohi puraani

par yadi main main na hota

toh thandi si hawaa mein lehraate huwe
nadiyon ke bal pe behte huwe
sadko pe rolte huwe
gol gol ghumte huwe
shayad main kuch nahi sochta

kisi uchhe se aasmaan se jaise girte huwe
ahista ahista
bina zameen se darre
bina kuch yaad kare

agar main koi budhe se shajar ki
lambi si kisi daal se toota
ek haseen sa patta hota

toh shayad
yun hi, bewajah

main udtaa rehta

wo parinda na jaane roz kise pukarta hai

na jaane kaun usse roz dagaa deta hai

suno

suno
ek baat sunogey?

dil ke bohot kareeb hai
kya do pal theherogey?

ho sakta hai kahi jaana ho tumhe
ya ghar koi intezaar kar raha hoga

main toh shyam se yaha baitha hu
ghar pe bhi andhera hai mere

din dhal jaane ke baad aksar akele
waqt zaaya karta hu
pados ke ghar se kisi ke hasne ki awaaz aaye
toh saath main bhi hass leta hu

zyada baat karne ki aadat nahi hai mujhe
isilye thoda chup chap sa rehta hu

magar bohot dino se
ek baat kisi se kehna chahta tha
kya tum sunogey?

zaruri nahi hai
aise hi ek baat hai
jo kisi titli ke jaise
zehn mein aa baithi hai
koi bojh nahi hai iska
shayad koi matlab bhi nahi hai
waise toh dekha jaaye
toh shayad koi baat hi nahi hai

wo toh bas aise hi socha..
shayad.. chhodo..
jaane do..

maaf karna samay barbaad kiya tumhara
kahi jaate maalum hote ho
ghar pe bhi koi hai na tumhare

mujhe bhi kahi jaana hai
kisi se milne ka vaada kiya tha
usse nibhana hai

kya tum roz yahaan se guzarte ho
kya kal bhi guzrogey?

suno
ek baat sunogey?

woh shaqs aaj kal ajnabi sa lagta hai

koi aaina saaf kardo woh ajeeb sa lagta hai

ek aadmi

ek aadmi utha
behadh thaka thaka sa
na jaane kab se so raha tha
so raha tha ya letaa tha
pata nahi

par uthte hi usne pehle darwaaze
ki aur dekha phir ghadi ke
kai dino se, ya shayad mahino se
koi uske ghar nahi aaya
kisi ne darwaaza nahi khat-khataaya
par usne darwaaze ki aur aise dekha
jaise baahar koi khada uska intezaar kar raha ho

aur ghadi bhi aisi ghadi thi
jo na-jaane kitni baar band hokar
khud-ba-khud chalu ho gayi thi
ab samay bhi na jaane kis duniya ka batati hogi
uss aadmi ke liye woh ghadi ki ahmiyat
samay se zyada kaaton ki tak-tak se thi

par aaj usne ghadi ko aise dekha tha
jaise kudrat ke koi karishmein se
baar baar band chalu hokar
wo ghadi ab sahi samay bata rahi ho

kaun keh sakta hai
ki uss aadmi ke mann mein kya chal raha tha

kaun keh sakta hai
ki woh so raha tha ya letaa tha

ya darwaaze ke baahar
shayad sach mein koi khada ho

aur kudrat ke karishmein
toh roz kahi hote hai
ho sakta hai ki waqai wo ghadi
ab sahi samay bata rahi ho

kaun keh sakta hai

par uss aadmi ko dekh kar aisa laga
ki ye uske liye aam baat hai
woh ye roz karta hai
shayad kal bhi woh yahi karega

zindagi uss baarish mein bheege
kaagaz ki tarah hai

kuch kuch hi samajh aati hai

thoda sa main padh leta hu
thoda sa wo beh jaati hai

yeh kaagaz

yeh khaali sa kaagaz mujhe bula raha hai
mahino se mulaqaat nahi huwi
aaj dheere se chilla raha hai
kuch kehna hai mujhse shayad
ya shayad aise hi shor macha raha hai

keh do isse ki raat behri ho chuki hai
baat gehri ho chuki hai
zamaana so chuka hai
tum bhi so jao
maalum hai ye aakhen bohot
khubsurat hai tumhari
jab jab jhaakti hai
savera ho jaata hai

par aaj thodi der andhera aur hone do
thodi der aaj aur khone do
kal aur kal ke beech mein
phasa hai jo
usse aaj thodi der aur sone do

kaala sa mann hai aaj
yeh raat bhi aaj kaali rehne do
kehne ko bhi kuch nahi
yeh kaagaz bhi aaj khaali rehne do

main chala jau toh mujhe aabaad rakhna

mera naam bhul jaana, lafzo ko yaad rakhna

main kavi hu

main kavi hu jahaa ka
wahaa aur koi nahi hain
raddi ke kuch dhere
ek kalam aur ek ghadi hain

khud hi se ek rishta bana rakha hai
tanhaayi ko ek khat pe sajaa rakha hai

kuch der tak jab main ladta hu kalam se
thak kar ik aah nikalti hain
aur judd jaati hai unn kaanon ki talash mein
jin mein ik aas panapti hain

jab kisi pareshan bhavre ki tarah
wo aah laut aati hai haar ke
tab seene se ik aur aah nikalti hai

phir main kalam uthata hu
phir wo ghadi chalti hai

main kavi hu jahaa ka
wahaa aur koi nahi hai

jo peeche chhod aaye the wo mitti ka makaan hai

ghar toh wahaan hai jahaan maa hai

ek bhaari wazan

zindagi ka bojh jab jab badh jaata hai
ek bhaari sa wazan mein uspe rakh deta hu

thode halke se khwaab bheego leta hu
thodi gud ki chaashni chakh leta hu

ek sakre se raste pe kahi door chal padhta hu
ya kahi chup se kone mein jaa basta hu

koi nayi kitaab ka ek panna padh leta hu
ya koi puraani si ek dhun sunn leta hu

doston ki hassi, haseenao ke aansoo
pahaadon ki thakan, samundar ka sukoon

chaand se wo nirarthak baatein
wo sooraj se jagta gagan

kisi anjaan ka anjaane se chuna
kisi anjabi ki aankhon mein khona
sardi ke aangan mein dhoop sikona
ya barsaat mein kaagaz ki kashti dubona

wo der raat tak ghar waalo se gappe ladana
ya thodi si cheating karke unhe taash mein haraana

mummy ko wo bachpan ke raaz batana
papa ke saath wo aane waale kal ka ganit bithana

bhai beheno ko bina baat sataana
ishaaro hi ishaaro mein daadi ko hasaana

bohot wazan hota hai inn sab baaton mein
issi wazan ke bojh se zindagi halki hoti hai

itna shor tha yahaa
ki hum chup hi reh gaye

phir jab raha na gaya
toh kuch hum bhi keh gaye

abhi abhi

main naya aaya hu
iss manch pe nahi
tere dar pe nahi
duniya mein bas abhi aaya hu

kal tak main tha
yahi-kahi, magar bohot door
tum se bhi, khud se bhi
zamaane mein abhi abhi aaya hu

mujhse mat pucho main kaha se aaya hu
churaya huwa ilm
phati puraani kitaabein
aur kuch yaadein laaya hu

jaa ke pucho unn haathon se
jinse wo kalam chali thi

jaa ke pucho uss siyahi se
jo dariya si bahee thi

jaa ke pucho uss aasmaan se
ki tera des kaunsa hai?

main shayad wohi se aaya hu

kisi ka gam kisi ke liye khushi ki baat hai

waah re zindagi, tu bhi kya baat hai

gam aur dil

kuch gam ki baatein hain
kuch dil ki baatein hain
begaane din hai
aur tanhaa raatein hain

chalo jo seene mein jal raha hai
aaj usse bujhaate hain

wo aansoo jo arse se ankhon
mein machal raha hai
aaj usse rulaate hain

kuch dost banate hain
kuch dushman bhulaate hain

jaane dete hain unn sab baaton ko
unn sab yaadon ko
jo hummey sataate hain

itni si hi toh baat thi
itna sa hi toh saath tha
jo chhod gaya so chhod gaya
unke baare mein aaj kuch naya batate hain

apne hi bojh ko laadhe dabb rahe the hum
chalo aaj zamaane ko uthaate hain

kal ko kal mein hi rehne dete hain

aur aaj, abhi, ek sukoon ki saans lete hain
aur thoda sa muskuraate hain

khayalon ka mahal bhale hi kitna sundar ho

sukoon uss chhote se makaan mein hi milta hai
jo apne haath se bana hota hai

parinda

gar par hote mere paas
toh main udd jaata
baadalon pe ghar banata
lehro se bhidd jaata
kahi door ki koi manzil tay karta
kahi veerane mein jaa ke bas jaata

gar par hote mere paas
toh nayi uchhaai mein paata
jo na koi kar saka ab tak
wo kar jaata
aandhi se guzarta main
toofan se bhi ladta main
paron ko deke bal
hawaa se sang
sooraj ki aur badhta main

gar par hote mere paas
toh main yahaan na hota
buzdil toh ye parinda hai
kaahil aur mand
jo poori duniya chhod
meri khidki pe baitha hai

jinn faaslo ki doori raat mein muqammal ho jaati hai

unki subah bhi phir dheere dheere safal ho jaati hai

din aur raat

din se zyada raat pasand hai mujhe
phir bhi raat se ek shikayat hai mujhe

yun toh bohot sukoon deti hai
duniya ka shor kam kar deti hai

raat mein darwaazo pe unchaah khat-khatahat nahi hoti
raat mein befizool ki baat nahi hoti

koi ghar kharidne ko nahi kehta
koi insurance nahi bechta
koi kaam karne ko nahi kehta
koi jhooth ki saajish nahi karta

raat mein jo chaand bhi toh khilta hai
kahi koi aashiq apni jaan se bhi toh milta hai

raat ke andhere sab deewar, sab dastoor mitaa dete hai
sarhad ki sab lakeereh mitaa dete hai

raat mein zindagi se apni apni ladaai ladne nikle do humdard
bhi toh dobaara milte hai
raat mein wo lajilaa brahmakamal bhi toh khilte hai

din se zyada raat pasand hai mujhe
phir bhi raat se ek shikayat hai mujhe
jaise din khatam hote hote
apna saara gham raat ko saump deta hai
waise hi raat apni saari khushi, saara sukoon
phir subah din ko kyun nahi deti

bas apne paas rakh leti hai
aur pighal jaati hai suraj ke moh mein

raat bhi kambakhat meri hi tarah khudgarz nikli

woh aadmi roz damru sa bajta rehta hai

ye zamaana roz usse dekh hasta rehta hai

mera damru

ye chota sa damru
kitne baras se saath hai mere
kamre mein paas hi rehta hai
par mahino nazar bhi nahi jaati ispe

kabhi koni pe latak jaata hai
kabhi darwaaze pe atak jaata hai
kabhi deewaron ke gale lag jaata hai
toh kabhi almaari pe dhool khaata hai

kitne baras se saath hai mere
kisi din chupke se kahi chala kyun nahi jaata
jab main soya hota hu
toh kahi nikal kyun nahi jaata
kisi aise shakhs ke paas
jo koi geet ya ghazal, kuch toh gaata
jo isse koi dhun bana paata

par ye toh kambakhat wafadaar nikla
ek taraf se phat gaya hai
par ab tak isse ek aah bhi nahi nikli hai

jaise kuch log hote hai
khaas heero ki tarah

jo tijorio mein band hote hai
koi sheesham ki, koi lohad ki
jinhe koi khol nahi sakta
na kisi ke haath aate hai
na kisi ke gale lag paate hai
jinki qeemat hi unki qismat bann jaati hai

waise hi
mere damru ki taqdeer bhi kuchh khaas nikli

meri chaah hai ki main tujh mein pighal jaun

aur kamzori aisi ki dil patthar ka mila

kahaan ho tum?

kahaan ho tum?
pehlu mein baithe ho magar
ye pata hai mujhe
yahan nahi ho tum

khayalon ke paron par baithe
udd rahe ho tum
kabhi pahadon ke beech
kabhi samundar ke uppar
kabhi khule aasmaan mein
badalon ke beech
tair rahe ho tum
chaand-taare bhi
ek haath ki doori par hai
tumhari duniya mein

kabhi lagta hai ki main bhi udd saku tum jaisa
jiss gali chaha uss gali mudd saku tum jaisa

par main toh tanha iss pal mein
tumhare lautne ka intezaar karti hu
jab gum-sum si ho jaati hai tumhaari aankhen
unn aankhon se ikraar karti hu

phir laut ke tum uthte ho
aur chal-guzaar karte ho
aur ye pal wohi ka wohi reh jaata hai

sapna hai mera ki ik roz
tum meri baahon mein ho
aur main tumse puchu

kahaan ho tum?

aur tum kaho

yaheen, tumhare paas

apne hisse se zyada mauj main kar chuka hu
ab kuch kaam karna baaki hai

jitna samajhna tha zamana main samajh chuka hu
ab khud ko samajhna baaki hai

farzi

farzi ho tum

ye chehre pe jo haasi hai
wo farzi hai

ye aankhon mein jo nami hai
wo farzi hai

dil mein jo khwaab tumhaare hai
seene mein jo dard tumhara hai

sab farzi hai

bhoori aankhon pe jaise kaala chashma padha ho
kaano mein umadta jaise shor macha ho

tumhari neeyat se lekar tumhare dosh tak
tumhare seerat se lekar tumhare hosh tak
sab farzi hai

kaagaz pe khilta gulaab
jaise paani mein dikhta mahtaab
wohi rang, wohi roshni
wohi nighaaon ka noor

par unmein wo chubne waale kaante nahi hotey
unmein wo chippe huwe ghaar nahi hotey

hoti hai toh bas ek parchaayi
aur jab parchaayi ka bojh khud se zyada ho jaaye

toh saahib, samajh lena

tum farzi ho

sach khamoshi mein hi palta hai

zubaan pe aate hi sach sach nahi rehta

zubaan

mera chhup rehna hi behtar hoga
meri zubaan mere iraadon ke aagey phiki padh jayegi
mere alfaaz mere dil mein chhipe aashiq ko bayaan nahi kar
payengey

mera chhup rehna hi behtar hoga
ki shor bhi toh bohot hai yahaan
kisi ki aankhon mein, kisi ke kaanon mein
kisi ke seene mein, kisi ke hothon pe

ek shaant savera hota hai
maine suna hai
dariya ke uss paar

par dariya ke uss paar
jaane ke liye bhi toh kuch kehna hoga

mera chhup rehna hi behtar hoga

ki kehne waaley toh aksar mil jaatey hai
par sunne waala nahi milta koi
aur kaho bhi toh kya kisi se
gairon ko humpe aitbaar nahi
aur jahaan mein koi apna nahi milta

shukr hai uss shajar ka
jo katke mere haathon mein aa baitha
tera ehsaan hai mujh par

ki tu na hota
toh mera chhup rehna hi behtar hota

jo main banna chahta tha
woh main bana hi nahi

ab jo bann gaya hu
kaun hai woh pata hi nahi

ho sakta hai

ye maine nahi likhi hai
ye bohot pehle kisi kavi ne likhi thi
aur bas chaar ya paanch logo ne padi thi
wo kavi bhi kabka marr chuka hai
wo chaar paanch log bhi guzar chuke hai
ab iss kavita ka
iss duniya mein koi nishaan nahi bacha
bas ek aah bachi hai
tanha, akele qayanaat mein
bhoolti bhatakti
na jaane kyun ye mere paas aa gayi
main toh bheed mein chalta hu
chupke se guzarta hu
na jaane iski aankhein mujh pe
kaise padh gayi

ho sakta hai
ki main bohot sundar hoon
jo nigha-o-naaz pe rehta hoon
ho sakta hai
ki main itna lamba hoon
ki antarishq se bhi dikhta hoon

ya phir ho sakta hai
ki main kuch bhi nahi hoon
taqdeer ka ek betarteeb pyada hu

ho sakta hai

par mujhe lagta hai
ki main woh kavi hoon
jo bohot pehle marr chuka hai
jiski nazmein kuch chaar ya paanch logo ne padhi thi

ab phir ye kuch chaar paanch log padhengey
ab phir main marr jayunga
ho sakta hai

ho sakta hai
ki main ye kuch bhi nahi hoon

ho sakta hai
ki main ye nazam hoon
main humesha hi tha yahaan
aagey bhi rahunga
ho sakta hai
ki ek tum hi musafir ho

kuch raaz humne iss khoobi chhipaye the
ke unka pata hi ab raaz ho gaya hai

iss dil ki ek tamanna humne kya thukrayi
yeh dil bhi ab humse naraaz ho gaya hai

qisse aur hisse

zehn mein kuch qisse hote hai
kuch hisse hote hai
jo kisi ko kabhi sunaaye nahi jaate
jo kisi ko kabhi dikhaaye nahi jaate

wo hote hai bas khud ke liye
unn dino ke liye
ke jab kabhi hum
pedhon ki chaav mein akele baithe ho
kaaton ki raah pe chal rahe ho
ya bade se bistar pe tanha lete ho
toh wo qisse, wo hisse
humme ye ehsaas de
ki hum akele nahi hai

aur nahi koi toh humara hi hissa sahi
aur kisi ka na toh humara hi qissa sahi
humaare saath hai

gham nahi
par ek darr sa hai
ki kabhi koi humaare dil mein hulchul na kar jaaye
kuch der ke liye buddhi na marr jaaye
aur hum unhe andar na le aaye

woh aaye dheere se
par apne saath ek aandhi le aaye
humaari chhoti si duniya ke
chhote se hisse
humaare aadhe-adhure se qisse
ab humaare na reh jaaye

aur hum

phir aakhirkaar

akele na padh jaaye

harr palati nazar pe khwaab badh jaate hai

zarurat se zyada paani se bhi gulaab marr jaate hai

paani aur paisa

paani kya hai
paisa kya hai
dariya kya hai
rupaya kya hai

dono alag alag hai
ya samaan hai
ya dono mein ek hi jaan hai

koi paani ki pyaas se marta hai
koi paison ki aas se marta hai
kal ki jisko zarurat hai
wo apne hi itihaas se marta hai

paisa - dariya
rupaya - paani
sab ek hi toh hai

kabhi paisa dariya sa behta hai
kabhi rupaya paani sa rehta hai

kabhi gala sukha ke
aagey badh jaata hai
toh kabhi baarish banke
poora bheega deta hai

kabhi achhi khaasi zameen ko banjar bana deta hai
kabhi haste khelte insaan ko bandar bana deta hai

qisse kahaniyon mein rehta hai
kisi ke khayalo mein rehta hai

kareeb ho ya na ho
zehn mein har waqt rehta hai

kahi kono mein ghuske
talaab bann jaata hai
kahi mitti mein mil ke
sharaab bann jaata hai

ghoom ghoom ke jab
thak jaata hai
shaant kisi jagah pe theher ke
dariya samundar bann jaata hai

kya paani hai
kya rupaya hai
kya paisa hai
kya dariya hai

paison ki bhookh ho jisse uske liye sab dariya hai
paani ki pyaas ho jisse uske liye bas ek rupaya hai

taanashaho ne jab jab insaaniyat ko aazmaaya hai

bade zor se waqt ka tamaacha khaya hai

azaadi

kai khilono ke baad aaj haath asal aayi hai
daaku jamaat lagaye baithe hai, nayi fasal aayi hai

kar do elaan gabbar ke qilo tak
iss baar bagaawat ki nayi lehar aayi hai

tum chalo
hum tumhare saath hai
hum saath gar chal gaye toh
daakuwon ki toh shaamat aayi hai

chaman mein iss bahaar laal gunjega
sufaid mehekega

hawaa mein iss baar azaadi aayi hai

main usse likh raha hu ya wo mujhe likh rahi hai

zindagi ik kabaạd ki dukaan pe roz bik rahi hai

sab bech du

bechne ke khayal se aaj
jab main ghar se nikla
toh socha poora makaan hi bech du

thoda thoda bator bator ke
ek katore mein aaj
saraa jahaan bech du

bazaar mein jaa hi raha hu
toh zameen samundar kya
poora aasmaan bech du

bech du ye chaand ye taare
ye bijli ye hawaa
ye mausam
ye baarish

ye raaton ka khalipan
ye deewaron ka suna rang
ye ghadi ke kaatein
ye khokhli baatein
ye pankhon ka shor
ye mann ka chor
ye chakachaund

wo roshni
ye khwaab
wo umeed
ye tamanna
wo tasalli
wo hosh behosh
wo aankhon ka malal
wo dil ka haal

wo khamoshi
wo sukoon

ek tokri mein daalu
khilono ki tarah
aur aaj
sab bech du

maasla huwa ki aaj somvaar nikla
bazaar band nikla

itna bojh main leke chala tha
wapasi mein kamar toot jayegi
toh kabaadi mein daal du
ya naale mein phek du?

ya phir, phir ghar le chalu?

ek bada sa bargad ka ped tha yahaa
wo kaha chala gaya?

sheher se sadak gaav aayi hai
kya wo bhi sheher chala gaya?

ant

wahaan ant ho bhi chuka hai
aur yahaan nayi shuruwat ho rahi hai

yahaan aadha chaand jaaga hai
aur wahaan poora kab ka so bhi chuka hai

wo afsaane jo dil mein dabaaye baithe hai
wahaan unka anjaam ho bhi chuka hai

kayi raat nazar aati hai iss raat mein chhipi
aur wahaan dekho toh savera ho bhi chuka hai

kayi gutthiyon mein uljhi hai yahaan yatharth ki peeda
aur wahaan samundar se aansoo wo ro bhi chuka hai

kisi ne pucha jab
kya doori hai yahaan se wahaan ke beech
toh kaha kisi ne
iss sawaal ka jawaab woh kal de bhi chuka hai

ek main hi tanha reh gaya akela
jo gaav basta tha yahaan
wo kab ka shahr mein kho bhi chuka hai

gam-zada hum bhi hai, tum bhi ho
madhosh hum bhi hai, tum bhi ho

zamaane mein chal rahe hai sab sang sang
par akele hum bhi hai, tum bhi ho

hum aur tum

kuch humne jhaank ke dekha
kuch tumne jhaank ke dekha

laḥu ka laal rang
dono ne naap ke dekha

madhosh the kuch pal ke liye
khamosh fizaa mein chalte rahe

jahaan ruke ek pal ke liye
be-dum aahaton ko kaat dekha

subah huwi jab
aankh khuli jab

ek ko razaa ka dil pasand na aaya
ek ko maya ko roop na bhaya

bache kuche lamhon ko
tab humne baat ke dekha

subah ho chuki hai aur chaand ab talak soya nahi

dil toot chuka hai uska par ab talak woh roya nahi

chaand aur main

mujhe uss jagah le chalo
jahaan na ye chakachaund ho na mashara
na naam ho, na pehchaan
na manzil, na mukhalif
na muqaddar, na maazi
na koi makaan

bas ek chaand ho aur ek main
aur humare darmiyan guftagoo aur sunnate ki seedhiya
jo kabhi ek chadhta hai toh duja utarta

mujhe uss jagah le chalo
jahaan na hayaat ho, na ajal
na sabr, na shikast
na sahil, na sabab
na koi shikhwa

bas ek sukoon ki
khoobru shab ho
aur uss shab ka main
toot-ta taara

kahin door kisi pahaad ki khamoshiyo
mein mil jau

ya kisi dariya ki lehro
mein gote lagau

wohi sunsaan kisi gali mein
apna gharaunda basa lunga main

jo ek baar tere rooh mein
apne aks ka deedar kar lu

bas
wohi so jaunga main

bohot khaas hai bazaar mein, hummey aam hi rehne do

gumnaam jahaa mein aaye the, hummey gumnaam hi rehne do

roshni

roshni chaaro taraf hai
aankhon mein dhuan hai
zindagi ek sakri si sadak hai
ek taraf kaai toh ek taraf kuwa hai

kaisi saajish hai ye
kaisa imtihaan hai
main saare dand kabool kar lunga
koi itna bata de kya guna hai

phati jebbe, udhadi chappalein, rafu kiye huwe bushirt
aur dhero aadhe adhoore khwaab hai
par dil ki jurrat zara dekho, ab bhi ek dua hai

badan aadha nanga hai
resham bohot mahenga hai
bas haqeeqat mein aane mein samay lagta hai
baaki kuch bhi na gila hai jo huwa hai

ek roz baarish ke jaise main bhi beh jaunga kahi
patthar sa kisi rait mein pighal jaunga kahi
phir dhundengey awaara mere lafz mujhe

ek shaqs tha yahaan jo humdard tha
ab na jaane kaha ghuma hai

shor-sharaaba jashn ka hota hai
goli-baarud ka hota hai

dil ke tootne par saahib, koi awaaz nahi hoti

puraana makaan

nayi manzilo se zyada
puraana makaan pasand hai mujhe
uchhi uchhi seediyo se zyada
kadamo ke nishaan pasand hai mujhe

wo bhuri si khidkiya jo mujhe jaanti hai
wo rookhe se darwaaze jo mujhe pehchaante hai

wo vaadiya jinki nadi pe sar rakh ke maine chaand ko dekha tha
wo aangan jiski naazuk farsh pe maine kitni raatein guzaari thi

wo baagh, wo bageecha
wo phool wo paudha
jo maine apne haathon se seecha tha
sookhe se kuwe se paani kheecha tha

wo lambi lambi seediya jin pe main kai baar phisla tha
wo udti udti titliya jinko kai baar pakda tha

dahleej se lekar chhat tak
uss makaan ka har ek mod main jaanta hu

wo sab aaj bhi waisa ka waisa hi hai
utna hi sundar, utna hi lubhaavi

bas makaan ke uppar ka samaa alag hai
aasmaan alag hai

ab hum dono ek dusre ko nahi jaante

kisi ki nigaah mein aana
ab wo zamaana nahi

jo phool pasand aa jaata hai
log tod dete hai usse

phool

ahmiyat phool ki hai
ya uske khushboo ki
baat usool ki hai
ya uske wajood ki

mitti ka dhacha hai
do pal paani ko bhar lega
phir gale se utar kar
ya zameen pe phisal kar
paani phir samundar se mill jayega
qatra qatra phir samundar bann jayega

aur maati ka dhacha
phir hawaa mein bikharke
baarish mein pighal ke
phir zameen mein mill jayega
tukda tukda phir zameen bann jayega

na zameen kabhi poori tarah samundar se milti hai
na samundar zameen se
dono hi ek doori se
ek duje ke saath chalte hai

do samaan lakeeroh ki tarah
na kabhi gale milte hai
na bichhadte hai

toh phir phool kya hai
khushboo kya hai

phool toh murjha ke phir laut aayega
agle sawan mein phir khil jayega

baat uske saurabh ki hai
do pal theher ke woh phir bikhar jayega

uska waasta toh fizaao se hai
ek din hawaa mein bikhar ke
aasmaan mein udd ke
phir kahi ghum ho jayega

zindagi, tu phool hai
main saurabh hoon

yehi sawaal mein har baar karta hu
ki main tumse hu ya tum mujhse ho

yehi jawaab wo har baar deta hai
ki kya main hu, kya tum ho

hisaab

main main kahaan hu
main toh hisaab hu sadiyon ka
kisi shaam ka, kisi dopahr ka

kisi shayar ki ghazal ka
kisi ladki ki nazar ka

main main kahaan hu
main toh ek hisaab hu

ghalib ka, iqbal ka
faiz ka, faraaz ka
shukl ka, dinkar ka
mir ka, kumar ka

main har uss dariya ka hisaab hu
jo iss boond se guzra hai
main har uss saagar ki pyaas hu
jo iss boond ko tarsa hai

tumhaare bina main kaun hu
main nahi jaanta

main tumhaare hi palon ka ek hisaab hu
main tumhaare hi jeevan ki ek kitaab hu

kya usoolon ki duniya
kya tareekon ka zamaana

kuch hum hain kuch tum ho
baaki kaha koi fasaana

tera dekhna

tera nazre chipa-chipa ke
dekhna
tera lamhe chura chura ke
dekhna
bewajah, yu hi muskura ke
dekhna
tera kabhi yu sharmaa ke
dekhna

dekhna kabhi der tak
toh kabhi palke jhukaana hi bhul jaana

kabhi badhasti aankhon se
tujhe dekhte dekhte
aansoo ka tapak jaana
kabhi teri ek jhalak se
dil ka machal jaana

maddham si chaav mein chalte chalte
kabhi tera aashiqui se dekhna
toh kabhi tiragi raaton mien
tera tishnagi se dekhna

kabhi baaton hi baaton mein
tera dekh ke reh jaana
kabhi achaanak nazdeek aakar
phir door chale jaana

kabhi lene dene ke bahaanon se
haathon ka chu jaana

kabhi dekhte dekhte
teri baahon mein pighal jaana

kya hai ye nazar ka khel
ye jismon ka mel
tera mera qissa bohot puraana hai
abhi toh shuruaat hai
aagey aagey dekhte jaana, dekhna jaana

koi raaste mein ruk gaya, koi ghar se nikla hi nahi

sooraj bhi itna thaka tha ki subah ko nikla hi nahi

naav

zindagi tatt pe khadi uss naav ki tarah hai
jo door se samundar ko taakti hai
sochti hai
ki ek din iss mein utar jayegi
paar karegi
ya doob jayegi

par aaj mausam achha hai
samundar ki lehere pair chu rahi hai
aur aasmaan mein baadal bikhar rahe hai

kinaare pe baith sab khwaabon ko bhula diya
jitna gham tha
aaj sab dhuwe mein udaa diya

na gamkoshi ka hain, na madhoshi ka hain
khouf toh hummey bas khamoshi ka hain

zindagi ek kitaab

gar zindagi ek kitaab hoti
toh roz marra ke ye din
zindagi ke panne hote

har panne mein chhipi hoti koi nayi baat
kahi kisi naye ka zikr hota
kahi koi puraane ka fikr hota
kahaani mein koi nayi ann bann hoti
ya wo thame huwe kirdaaro mein phir hulchul hoti

nayi misaale hoti, naye maasle hote
ya puraane maaslon ke naye hal hote

shayad dabbe koi lafzon mein mohabbat ki baat bhi hoti
shayad mohabbat se badh kar mohabbat ki raat bhi hoti

aarzoo hoti, aahatein hoti
thode aansoo, thoda gam
thodi muskurahatein hoti

kitna kuch hota ek panne mein
agar zindagi ek kitaab hoti

gar zindagi ek kitaab hoti
toh roz marra ke ye din iss tarah rukhe na hote
inn pe bhi kisi shayar ke roomani lafzon ki baarish hoti
inn pe bhi wo sukhe huwe gulaabon ki numaish hoti

par inn panno pe
toh koi siyahi ke chheetein bhi nahi pade hai

sochta hu unn pattiyon ka, unn daalo ka
iss kitaab ke liye na jaane kitne phool tode hai

woh ped toh yun hi aabaad hogaye
humne toh jab bhi panne palte hai
saare ki saare kore hai

kya kahun, kya nahin
ab ye bhi tum hi bata do

sarkaar tumhari hai
mera ghar kya tum poora sheher jala do

saara ka saara aasmaan

saara ka saara aasmaan
aaj bech diya kabadi mein
badle mein do khursi li
baaki sab phek diya naali mein

koi musafir yahaan na aa jaaye ab
koi sar uppar na uthaye ab

baadalon ko zameen pe bikher ke
koi naya aasmaan na banaye ab

gir jaane do chaand-taaro ko
beh jaane do hazaaron ko
jo zameen pe tapak jaaye
toh tol-mol ke, hisaab laga ke
sajaa do unn dukaanon ko

zameen ko khod khod ke uchha kar do
gaddo ko samundar se bhar do

jo baarish phir aa jaaye toh
usse phek phek ke geela kar do

paani ki ab kisi ko zarurat nahi yahaan
ye des ab bhukhon ka hain
pyaaso ka nahi

aasmaan ki bhi kya zarurat hai
iss des mein
ab koi shaayar bhi nahi

tum chaandni ho toh aaj hum bhi
mahtab ke neeche jaagengey

tum sona poori poori raat
hum tumse subah ke khwaab maangengey

tasveer

chalo jisse dekha nahi ab tak
uski tasveer banate hai

wo aankhon ka jaal bichaate hai
wo kajal lagate hai

wo hoton pe dabbi hassi
chhipaate hai

wo gaalon pe padi gulaabi
dikhaate hai

hawaan pe basar unki zulfein
udaate hai

unki hatheli pe aaj apna haath
thamaate hai

kuch seene mein dabbe raaz
sunaate hai

kuch dil mein chhipe khwaab
batate hai

tumhaare qareeb aate hai
tumhe gale se lagaate hai

haqeeqat hai
ki ye tasveer
bohot sundar hai
par
haqeeqat nahi

tum ek dafaa saamne aa jao
hum ye tasveer jalaate hai

woh itne haseen the
ki hum unki saari khata bhool gaye

unke peeche itne door aa gaye
ki ghar ka rasta bhool gaye

hawaa jaanti hai

ye hawaa jaanti hai

jugnu ka jalna jaanti hai
ye taaro ka machalna jaanti hai
pahado ka sambhalna jaanti hai
ye mitti ka fisalna jaanti hai

har ped ka har patta jaanti hai
ye jungle ka mizaaz jaanti hai
ye hawaa bohot chulbul hai
ye mere dil ke raaz jaanti hai

saari raat jugnu tadapta rehta hai
pukaarta rehta hai
ye jugnu ke mann ki baat jaanti hai
ye tanhaayi ki wo raat jaanti hai

kabhi kisi ki hassi udaa ke
door kisi ke kaano pe rakh deti hai
toh kabhi kisi ke aasoo se
baarish barsa deti hai

bohot manchali hoti hai hawaa
zindagi ki ek dor si hoti hai hawaa

ye tera bichadna jaanti hai
ye mera bikharna jaanti hai

ye daur naya hai, saahib
yaha subah dopaher tak soti hoti hai

din badaa hota hai, zindagi chhoti hoti hai

samay aur ghadi

chalte chalte
aaj achaanak
ghadi ka kaata ruk gaya

ghabraa ke
maine socha
mere bachhe huwe din ka ab kya hoga
abhi toh sunhari shyaam baaki thi
sapno waali saanjh baaki thi
uss aadhe se din ka ab kya hoga

kal ke kuch khwaab chippe hai inn kaaton mein
kuch yaadein bhi hai
kuch ankahee baatein bhi hai
kuch mohabbat ke do pal hai unn raaton mein

unn yaadon ka, unn baaton ka ab kya hoga?

maine bohot koshish ki
ki ye ghadi phir chalne lage
ye kaatein phir tak-tak karne lage

par samay bohot aagey nikal chuka tha
bohot door jaa chuka tha

aur main aur ye ghadi ke kaatein
tanha kahi kaal mein akele reh gaye the

duniya gol hai
sab kehte hai
par kya samay bhi gol hai?

kya ye kisi din phir sahi samay bata degi?
kya jo mera khoya din hai, woh phir laut aayega?

zindagi tamaam kadamo pe yunhi nikalti rahi

main chalta raha bekhabar wo bikharti rahi

kaisi uljhan hai

kaisi uljhan hai zindagi
ba-umr dariya mein rehna bhi hai
aur bheegna bhi nahi hai

ye kaisi paheli hai
ki aag se guzarna bhi hai
aur jalna bhi nahi hai

wo kehte hai kisi dilwaale se dil laga lo
dil halka ho jayega
par maasla phir wohi hai
ki mohabbat karna bhi hai
aur machalna bhi nahi hai

kasoor na tumhara
na zamaane ka hai
wo khwaabo ka mahal humne itna door bana liya
ab uss mahal mein rehna bhi hai
aur chalna bhi nahi hai

ek mom sa ye jeevan hai mera
raat bhar jalna hai mujhe
aur pighalna bhi nahi hai

shor badh raha hai duniya mein
aur badhne do

khamosh raaton mein
zamaane ki cheekhe sunayi padhti hai

almaari ka aaina

almaari pe lage aaine mein
chhote se makaan ka
harr kona dikhta hai

zameen dikhti hai
chhat dikhti hai
suna pada bistar dikhta hai

lakde ke table ka ek hissa chhup jaata hai
par uske khaanche dikhte hai
drawer dikhta hai

drawer mein rakhi kahaniyan
chhip jaati hai
par mej pe padha unka nishaan dikhta hai
siyaahi dikhti hai
kalam dikhta hai
unn khaali se paano mein
aane waala kal dikhta hai

khidki dikhti hai
khidki se lambi lambi imaaratein dikhti hai
imaaraton mein jalti bijli dikhti hai
bijli se roshan kamra dikhta hai

train dikhti hai
gaadiya dikhti hai
thoda sa jhuk kar dekho
toh udtaa plane bhi dikhta hai

harre bhare ped dikhte hai
panchi dikhte hai
ek bada sa baaz bhi dikhta hai

dekho toh gaur se
mere chhote se kamre ke
dhundle se aaine se
kitna kuch dikhta hai

dhalta din dikhta hai
badalta mausam dikhta hai
darwaaza ghuma ke dekho
toh zindagi ka har ek pal dikhta hai

kamaal ki cheez hai ye aaina
main jab bhi khud ko dekhne ki koshish karta hu
door shehron mein umadta shor dikhta hai

kadam saaf jagah pe rakho, saahib

jo pair bazaar ko gaye hai
wohi ghar laut ke aayengey

halaat

kuch toh qadr hogi
sharaafat ki
kisi duniya mein
ye soch ke
main chalta hu

bazaar mein bhale hi
sab bik jaaye
main akela hi chalta hu

kisi insaan ko girta dekh
ab krodh nahi hota
ek gham sa hota hai
ki main bhi ek insaan hu

gham iss baat pe nahi hota
ki woh jhooth bech raha hai

gham iss baat pe hota hai
ki sach koi mufat me bhi nahi le raha hai

harr baar meri tareefo ke pul woh baand jaata hai
harr baar baarish usse bheega deti hai

harr baar woh shauq se kehta hai
'tu khayal na kar main sab sambhal lunga'

harr baar duniya usse dooba deti hai

tu

tu phoolon ki mehakti aahein
main pattiyon pe subah ki os
tu khidkiyon se jhaakti dhoop
main darwaazo pe barso ki chaav

tu inn bebas karwaton pe
khayal na kar
tera udnaa bhi laazim hai
bikharna bhi laazim hai

maasla meri haqeeqat ka hai
tera mudd ke laut jaana bhi laazim hai
mera doob jaana bhi laazim hai

sukoon dhundta main phir pahaadon mein bhaag aaya
socha jo shor tha usse peeche chhod aaya

manzar bhi tha, mausam bhi tha aur koi bhaukne waala kutta
bhi nahi

tab samajh aaya, jiss shor se main bhaag raha tha
wo baahar nahi, mere bheetar tha

kshitij ke paar

wahaan door jahaan
samundar aur aasmaan milte hai
jahaan sooraj apne takht se utar kar
mrityu ke paani mein doob jaata hai
jahaan raat ho jaane ke baad bhi
din ki do baat reh jaati hai
aur phir haste haste
kiranon ki tarah
wo bhi ghum ho jaati hai
aur dheere dheere sansaar ki
saari deewaarein mitt jaati hai

tab chupke se, dabbe paav
wahaan se ek awaaz aati hai
madham si, madhur si
saath ek dhun laati hai

tab aisa lagta hai ki kshitij
ke uss paar bhi ek duniya hai
jo mujhe pukaar rahi hai

jahaan dooba huwa sooraj
abhi bhi saansein le raha hai

jahaan samundar mein aasmaan nazar aata hai
aur aasmaan mein samundar

jahaan kisi din
bhule-bhatke
main shayad
apna koi ek hissa chhod aaya tha

shayad woh hi hai jo mujhe pukaar raha hai
shayad woh hi hai jiski awaaz mujhe aati hai

koi musibaton se ghira hai
koi tanhayi se ladd raha hai

ek pakaa aam ka phal
padhe padhe sadd raha hai

samay ka safar

behti dariya
guzarti hawaa
tim-timaate taare
muskurata aasmaan

neeche aam ke bageeche
uppar baadalo ke ghere
aur samay jaise thehera sa

jaise koi shand itna lubhaavi ho
ki usse chhod ke jaane ka dil hi nahi karta
jaise rota bachha maa ke seene se lipat jaata hai
jaise chaand dharti ke ird gird mandraata hai

jaise koi manzar itna khubsurat hota hai
ki kadam khud ba khud ruk jaate hai

aakash mein baadal
baadal mein dhoop
dhoop mein khelte bacche
baccho ki haasi
hasti huwi hawaa

hawaa mein khil-khilate khet
khet mein gaate panchi
panchiyon ko chhaya deta ek bada sa babul ka ped

phir aadha ahoora geet gaakar panchi udd jaate hai
aur samay ka safar phir shuru ho jaata hai

main ek patthar sa hu

behti hawa ko kabhi gale laga liya
kabhi baarish mein bheeg gaya
par dono hi ehsaas zyada der nahi rehte

rehta main ek patthar sa hi hu

tanhaayi

aaj akelepan ko saadne baitha
toh phir teri yaad aayi

kuch hi door chala tha main
ki phir seene mein badhi tanhayi

kya ghazab ka nasha hai teri mohabbat ka
aankhen band karke dekha toh tu nazar aayi

sadiyon ka naata hai, jism ki tadap
ya mann ka khaalipan
kya hai ye deewaangi jo iss qadar hai chhayi

koi raah bata de mujhe
iss jungle se guzarna hai mujhe
meri manzil dariya mein hai
iss zameen pe maine thokar bohot khaayi

aisa nahi hai ki mujhe mohabbat pasand nahi hai
aur aisa aur bhi nahi hai ki tujhse mohabbat nahi hai

dil todne ka mera iraada katahi na tha
zindagi mein toh khushi bhi tab aayi, jab tu aayi hai

par bohot peeche chhod chuka hu main khud ko

ek lamba sa safar hai sarkashi ka
ek naazuk si nadi hai khamoshi ki

na saath zamaana hai
na khud ki parchaai

bas main hoon

aur
meri tanhaayi

jinki kashtiya toofanon se guzar jaati hain

unki mohabbat phir naya samaa banati hain

ek toofan aur do chhat

ek toofan hai
allad-nadaan sa, tej-karaar sa
hai jawaan, hai haseen
hai sab kuch, magar kuch bhi nahi

do chhatein hai
buddhi si, nirbal si
kahi kone mein udhadi huwi
koi baju mein bigdi huwi

ek meri aur ek tumhari

toofan hai, jawaan hai
thoda chanchal hai
aur chhatein naazuk hai
bheeg chuki hai
kahi-kahi se paani bhi tapak raha hai

ya toh dono udd jayegi
ya koi ek girr jayegi
toofan ziddi hai
kuch liye bina nahi jayega

tum meri chhat ke neeche hoti
ya main tumhari chhat ke neeche hota
toh hum hassi hassi ek kurbaan kar dete
par kudrat ka khel dekho
isse bhi abhi aana tha
hum dono kitne hi kareeb ho
humari chhatein bohot door hai

main bheetar hu, phir bhi bheeg chuka hu
aur wo dekho, woh bahar hai, sukha hai
par afsos nahi
gar ye chhat toot bhi jaaye
toh gam nahi
aasmaan se baat hogi

tum apna khayal rakhna
ye toofan guzar jaaye
toh phir mulaqaat hogi

jo maghroor hai apni uchhaai pe, saahib

unn pahadon ne samundar ki gehraai kaha dekhi hai

samundar

akele mein
jab main khud se batiyata hoon
toh main puchta hu
ki main kaun hu
main kya hu

itni badi hai duniya
itne saare log hai
toh phir main kyun hu

jaise bachpan ke puzzle mein hote the kuch hisse
ek hisse se duja hissa jod kar puzzle banta tha
aakhir mein koi nahi bachta tha

kya waise hi
main bhi qayanaat ki iss badi si gutthi ka ek hissa hoon
kya main bhi kuch hoon

jaise jungalon mein kuch haathi hote hai
sabhya hote hai, jhund mein rehte hai

aur ek junglee haathi hota hai
akele rehta hai akele hi chalta hai
raah mein jo aaye usse kuchalta hai

wo bhi kya iss gutthi ka hissa hai?
kya aisa ho sakta hai
ki gutthi ke kuch hisse ab zyada bann gaye ho
jo khel tha ek waqt pe
ab kuch aur bann gaya ho

rait ki chaadaron pe dhalte patthar se
main samundar ko dekh raha hu
lehron ko uchhalta, girta dekh raha hu

pata nahi aaj sawaalon ki kaisi lehar chali hai
ki main soch raha hu ki samundar kya hai

thoda paani main isse chura lu
toh kya tab bhi ye samundar hi rahega

pata nahi, mujhe kuch pata nahi
tang aa kar main patthar se utar kar
garm rait pe chalne laga
aur achanak lehro ke kareeb aa gaya

phir jaise subah ki hawaa aankh khol deti hai
waise hi lehron ke chhune se maine aankh band kar li
aur aasmaano ko dekhne laga

phir ek ke baad ek lehre aati gayi
aur mere sawaalon ko apne sang le jaati gayi

pata hi nahi chala kab
par saare sawaal beh gaye

dheere dheere, jo kuch bhi gair tha
sab paani mein beh gaya

aur jab aankh khuli

toh yakeen huwa

ki main samundar hoon

koshishein laakh ki thi magar woh maane nahi

kya tha unke mann mein shayad hum hi jaane nahi

main kya chahta hu

kisi surat ke waaste main parchaayi bann jaata hu
kisi kalam ke waaste mein sachhaai bann jaata hu

kabhi ghum jaata hu moh ke meley mein
kabhi bhatak jaata hu raaston ke andhere mein
phir thak jaata hu jab main ghar aata hu

bulb light band karke ek mombatti jalaata hu
chhote se makaan mein chhote se sapne sajaata hu

main chahta hu, ek roz
main aasmaan mein udne lagu
hawaaon mein bikharne lagu

zindagi ka saara bojh zindagi ko lauta du
aur main keval ek insaan ki tarah chalne lagu

main chahta hu
ki main main na rahu

main chahta hu
ki tum tum na raho

main chahta hu
ye mausam yu bereham na rahe
andheri raat ke baad kuch der seher bhi rahe
thodi barsaat ke baad thodi dopaher bhi rahe

main chahta hu
ki main rahu

aur tum raho

main chahta hu ki tum mere saath raho

saahib, hawaa ka rukh kisne dekha hai

jisne khud ko dekha hai, usne sukh dekha hai

haqeeqat

agar main aapse sach kahu
ye maine nahi likhi hai
ye toh hawaaon mein thi
jo qismat ṣe mujhe mil gayi hai

mujhe nahi pata
ye kahaan se chali thi
ya kahaan jaa rahi thi
par main khud ko
ye keh ke mana leta hu
ki shayad
shayad
ye mujhse hi milne aayi thi
shayad
ye mere liye hi chali thi

par ye toh khwaab hai
haseen sa khwaab
aur khwaabon ki duniya mein
kya mera.. kya tumhara..

sab kuch hi jhooth hai
sab kuch hi sach hai

aur haqeeqat kuch bhi nahi

samaaj ki humesha yahi sthithi thi
kuch khush the, kuch dukhi the
phir dukhi khush huwe aur baaki dukhi huwe

ye khel nirantar yunhi chalta rehta hai
aadmi sadaa bandar sa uchhalta rehta hai

khoon aur paani

raghon mein daud raha hai jo
wo khoon hai ya paani hai
shahr ki nason ko dekho
toh har kankar ki manmani hai

koi seedha nahi, koi sachha nahi
kisi ko kisi pe bharosa nahi
tukdo mein baat diya sabko
insaan nahi yahaan koi
koi hindu, koi sikh isaai
toh koi musalmaani hai

rangon ka bhed hai yaha, jaati ka mol
dil-on mein nafrat humne
haathon mein banduke thaami hai
koi aasmaan ko bhi kaat do
baadalon ko baat do
zameen toh pehle se hi gumnaami hai

koi kya chahta hai zara puchhe koi
thoda sa ishq karna zara seekhe koi
mujhse nahi, apne aap se sahi
ek dusre ko khuli aankh se dekhe koi

fizool ka bahaana hai
tumhe zindagi se zyada
maut ka saath nibhaana hai
darte ho tum
kis baat se
kya apne aap se?

kitna hi tez bhaag le hum
hum sab ka safar ek hai
hum sab ki ek hi kahaani hai

pal do pal ki duniya
chand raatein, kuch baatein
aur thodi si jawaani hai

kitna saaf hai dariya ka behta paani dekho
aur gulon mein mehakti aas jo
aasmaan ko zameen se jod deti hai

phir bhi koi yaha afghaani
koi amreeki, koi cheeni rusi
angrez ya hindustaani hai

raghon mein daud raha hai jo
kya khoon hai kya paani hai

jab se usne kaha meri hassi usse pasand hai

saahib, hum roye bhi hai toh muskuraate huwe

partition of moon

chaand ke nisbat mein, ye dharti kya cheez hai
inn aakhon ke saamne, ye badan kya cheez hai

qurbat ki woh raat dafn hai qayaamat mein
yun tera roz mud ke guzar jaana kya cheez hai

dawaam charche rahenegy meri aashiqui ke yahaan
meri mohabbat ke aagey chaand ka bichadna kya cheez hai

alam hai taqdeer ke bichaaye jaal pe, saahib
par teri ik muskaan ke aagey ye mera gham kya cheez hai

woh kehte hai hum chup chup se rehte hai
hum kehte hai tum khamoshi nahi padhte

woh kehte hai zara nazdeek aa jao
hum kehte hai hum door hi kab the

tumhe kya pasand hai?

tumhe kya pasand hai?

mujhe door pasand hai
jo kuch bhi door hota hai
mujhe pasand hota hai

jaise chaand
lagta kareeb hai
par kitna door hota hai
jisse dekh sakte hai
par chu nahi sakte

jaise khwaab
chup chup ke
andheron mein jhaakta sa

jaise hawaa
jo chu kar itni door chali jaati hai
ki phir kabhi laut ke nahi aati

jaise samundar
jitna bhi tairon
humesha door hi rehta hai

jaise bachpan, jaise baadal, jaise sukoon

jaise tum

yu palko ke peeche itraati si
yu dabbe hothon se muskurati si

tum

mujhe
tum pasand ho

khoya hissa mera main tujh mein dhundta hu

ek arse se adhoora hu, main khud ko dhundta hu

adhoora

zindagi mein maine tumse
bohot kuch maanga hai
kabhi chaar aana
kabhi do rupaya
kabhi aadha makaan
kabhi poori rotiyaan
kabhi khilte gulaab
kabhi doobe motiyaan
udti patangey
wo chuskiya, wo chavvani ki gotiyaan
kabhi mann kiya
toh tumse aasmaan maang liya
kabhi taare cheen liye
kabhi baadal chura liya
jebbe kashtiyon se
gutliyon se, phoolon se bhari rehti thi
phir bhi tumse
zameen ka ek hissa maang liya
samundar ki lehro pe bhi haq jataaya
baarish ke paani pe bhi
aur udhaar ki rakkam se
khareed li saari nadiya

disambar ki sardi ko
sweater mein bunwa diya
aur mayi ki garmi ko
cooler mein bhula diya

banjar si zameen
aur khandar sa makaan chhod kar
tumse sab kuch maang liya
aur tumne…

tumne de diya

aur phir bhi main adhoora hoon

kai baras pehle jo sawaal pucha tha zindagi ne
woh aaj tak uska jawaab dhoond raha hai

subah huwi hai tab se machal raha hai
woh bachpan ke adhoore khwaab dhoond raha hai

woh paagal sa budha

iss paagal se budhe ko uthaya kiske?

chain ki neend sota tha
isko jagaya kisne?

kya kisi nanhe se bachhe ki shararat thi
ya koi padosi ke khidki ki khat-khatahat thi

jab se utha hai
jaise pagalpan ka daura padha hai
itna budha ho gaya
daadi safed padh gaye, sar ke baal jhad gaye
gala sukha padha hai, aur chhati khaase jaa rahi hai
haath-paav ke bhi purze dheele padhe hai
phir bhi khud ko jawaan samajh raha hai

yun toh kuch hi samay ki baat hai
par aise budho ko samay se kya vaasta
shand shand tadpe bhi
aur jaane bhi ki bas marne waala hai

ek aankh se dikhta nahi
duji kamzor hai
phir bhi uppar ki aur dekh raha hai

raat ho chuki hai, andhera hai
na jaane kya soch raha hai

sab log dekh ke haste hai ispe
kuch khafa bhi ho jaate hai
kuch udhaas bhi
kai toh isse dekhte hi muh pher lete hai

par main isse dekh kar hairaan ho jaata hu
sochta hu, ye phir so kyun nahi jaata
ya ek jagah chhup kyun nahi baith jaata

sochta hu ki ek din isse pooch hi lu
maalum padhe toh pehle usse dhund ke launga
khari khoti sunaunga

par ye paagal ke jawaab mujhe kabhi samajh nahi aate
kabhi kuch kehta hai
kabhi kuch karta hai

soch raha hu ki rehne du
par bade buzurg kehte the
ki koi kitna bhi paagal ho
antim shandon mein usse hosh aa hi jaata hai

soch raha hu
tab puchunga
ki bata budhe

tujhe jagaya kisne?

hum iss intezaar mein reh gaye ki tum kahogey
tum iss intezaar mein reh gaye ki hum kahengey

aur iss intezaari ke beech ek kahaani adhoori reh gayi

woh ladki

kuch bees baras pehle dekha tha usse
sadak ke uss paar
sufaid dhupatta, neeli salwaar

lambe se baal the uske
naazuk se haath the
aur hatheli mein ek choti si kitaab
jis mein qayanaat ke saare raaz chippe the

dopahr ka samay tha
gehri si dhoop thi
shehr jaldi mein tha
waqt itraa raha tha
sadak ke iss paar log horn baja rahe the
aur uss paar woh muskura rahi thi

jaise na garmi na dhoop ya traffic ka uspe kuch asar hi nahi
jaise woh itni sundar ho ki dukh ko uski khabar hi nahi

kuch der tak khadi thi woh
yaha waha jhaakti, kuch bachho ko haste dekhti
kuch zindagi ko guzarte dekhti

ek baar meri aur bhi nazar padi thi uski
ek baar mujhe bhi shayad dekha tha usne
kuch toh socha hoga mere baare mein
ek baar mera khayal toh zehn mein aaya hoga

kuch der tak khadi thi woh
sadak ke uss paar
sufaid dhupatta, neeli salwaar
wo lambe se baal, wo naazuk si haasi
aur hatheli mein wo choti si kitaab

phir ek puraani khataara si bus aayi
aur usse apne saath le gayi

ek pal tha
jab usse chadhte dekha toh socha rok lu
phir na jaane kyun usse jaane diya

phir aisa laga ki mere hisse ki saari khushi woh apne saath le jaa rahi hain

aisa laga
ki woh meri hassi le jaa rahi hain

sach ka safar bohot jhooth se guzarta hai

chaand ke saaye se nahi, sooraj ki dhoop se guzarta hai

ek baat

yaar ek baat bata
ki main kaun hoon?
main hoon bhi ki main hoon hi nahi
jab main chalta hu
toh kya waqayi main chal raha hu
jab koi khayal mere mann mein aata hain
kuch der ke liye mujhe behlata hain
toh main sochta hu
ki kahi main ek khayal hi toh nahi
aur samay ki gati ko thaame
kisi mod pe jab main mudta hu
toh main sochta hu
ki kya main samay toh nahi
ya jab raat ke suhaane sapnon se
main laut-ta hu subah ko
toh kya waqayi main laut chuka hu
kahi main koi kalpana toh nahi
kisi baat mein sach ho ya na ho
par ek baat zaroor hai
ki ab main thak chuka hu
roz ki begaani khamoshi
se haar chuka hu

kuch nahi maangta main tujhse ab
bas ek sawaal ka jawaab de de

kya main aazaad hoon?

ek nazar se dekha toh har kisi mein khud ko dekha

aur ek nazar se dekha toh khud bhi paraya laga

deewaarein

deewaarein naye hai, ghar puraana hain
rishtey naye hai, dard puraana hain

ye ann bann toh barso se chali aa rahi hai
bandooke naye hai, jang puraana hain

log hum wohi hai jo chaar sadi pehle the
kapde naye hai, dhang puraana hain

na kuch badla hai, na kuch badlega
baarish nayi hai, saavan puraana hain

befizool hum angaaro pe chalte rahengey
besabar khud se ladte rahengey
wajah nayi hai, darr puraana hain

sadiyo ka dharm hai
ye maazi ka karm hai
roshni nayi hai, chaand puraana hain

girte huwe bhi nazar uski gagan mein thi

jaise jaan uski tab bhi kisi magan mein thi

ek bhikari

maara maara phirta
ek bhikari aaya mere dar pe
kandhe pe jhola liye
haath mein katora
aur dastar hai sar pe

mathe ki lakeere paseene si
tapak rahi hai chehre pe
aur aankhon ke gird
jhurriyon ki toli basi padi hai
lab bilbila rahe hai uske
par lafz hai ki hazri dete hi nahi

bohot shor machaya tha ek waqt pe
ab gala sukh gaya hai
mann oob gaya hai
shaant rehne ka mausam aaya
hai shayad
jo saavan umad raha tha
wo beet gaya hai

aankhon mein ab bhi koi khalal
baaki hai
jo kaale dhabbo ki tarah

inn motiyo mein jhalak raha hai
poora jism khamosh hai
par andar se machal raha hai

roti ki bhook nahi hai shayad isse
kuch aur khuraak dhund raha hai
arse ki tadap hogi
jo bin roshni
andhere mein bhatak raha hai

kya du main isse
anpadh hai, kitaab de nahi sakta
budhha hai, samay le nahi sakta
kuch purane kapde hai
par wo bhi kisi kaam ke nahi

hath jod ke
sar jhuka ke
maafi maangi maine

maara maara phirta
ek bhikari aaya mere dar pe
aur kshama de gaya

yunhi raaston mein kabhi milte rehna
kabhi muskura dena, kabhi chalte rehna

zindagi issi ka naam hai
kabhi sambhalte rehna, kabhi phisalte rehna

kya kathin, kya aasaan

zindagi bohot aasaan hai, jeena kathin hai
tairna bohot aasaan hai, behena kathin hai

har koi yaha udne ki aah liye chal raha hai
udna bohot aasaan hai, chalna kathin hai

baatein toh main bhi badi badi kar sakta hu
baat karna aasaan hai, sunna kathin hai

khoobsurti yun toh har taraf hai humare
khoobsurti ko parakhna aasaan hai, samajhna kathin hai

batwaaron mein baat diya ye baagh-e-watan
lootna aasaan hai khushbu sa bikharna kathin hai

sau sawaal ka ek hi sawaal hai
jawaab dena aasaan hai, sawaal samajhna kathin hai

pyaar toh tumhare seene mein bhi phuphakta hai
pyaar karna aasaan hai, nibhaana kathin hai

fareb ke bazaar mein munaafe tezi se badh rahe hai
jhooth bechna aasaan hai, sach kathin hai

dekhogey toh har chehre mein khud ko dhund logey tum
nafrat karna aasaan hai, mohabbat kathin hai

manzar manzar dhunde banjara
manzar mileya na koye

appan dhundan jo chala
khud hi woh manzar hoye

dastaan-e-parwana

jalta sooraj hai
chamakta chaand hai
ye jeevan ka neeyam hai
ye kudrat ka parinaam hai

ek sitaara duje se chamak chura leta hai
ek chota sa deep poori duniya jala deta hai

wo roshni kiski hai jo ghar ghar jaati hai
jhaankti hai, khat-khatati hai
puchti hai, 'kya koi rehta hai yahaa?'
ye khandar kiska hai, 'kya andar koi zinda hai?'

wo andhera kiska hai jo aankhon pe chaa jaata hai
ek taraf doori mitaa deta hai
ek taraf doori badha deta hai
ye haath kiska hai, 'kya ye thamega mujhe?'
ye aankhen kiski hai, 'kya ye mujhe dekh sakti hai?'

wo roshni, wo andhera
sab ek hi toh hai
jaise sach ke do pehlu hote hai
ek mera aur ek tumhara

toh phir sach kya hai?

ek parwana
shama mein jal jaata hai
jaan ke bhi ke chamakta hai par wo chaand nahi hai

ek musafir
raaste mein hi so jaata hai
jaan ke bhi ke sarhana hai par wo ghar nahi hai

ek saadhak
jhooth mein hi kho jaata hai
jaan ke bhi ke wo manya hai par sach nahi hai

toh phir nyaaya kya hai?

kya parwane ka shama mein jal jaana hi dharm hai?
kya ye duniya uske sach ke liye bani hi nahi?
kya iss duniya mein kuch sach nahi, koi nyaaya nahi?
kya ye duniya hain hi nahi

shamaa se aaye ya chaand se, wo roshni sooraj ki hain
parwana toh bas jalta hai, wo maut sooraj ki hain

Thank you for reading.

If you have any thoughts on the book,
or if you'd like to connect with the author,
you can write to him on his email id:

scsaahib@gmail.com

www.ingramcontent.com/pod-product-compliance
Lightning Source LLC
LaVergne TN
LVHW091045150826
845673LV00002B/468

* 9 7 9 8 8 9 3 2 2 7 0 2 4 *